EXTRAIT DE L'OBSERVATEUR DES TRIBUNAUX,
JOURNAL DES DOCUMENS JUDICIAIRES.

Cour de Cassation.

AFFAIRE

DU MONUMENT

DU DUC DE BERRY.

PRÉCIS DES FAITS. — MÉMOIRE DE M. PARDESSUS. — PLAIDOYER DE M. MANDAROUX-VERTAMY. — RÉQUISITOIRE DE M. DUPIN, PROCUREUR-GÉNÉRAL. — ARRÊT DE LA COUR. — PROTESTATION ET COMPTE-RENDU.

Nota. L'OBSERVATEUR DES TRIBUNAUX, *Journal des documens judiciaires,* pour servir à l'étude de l'éloquence du barreau, de la jurisprudence, des passions, des mœurs et de l'histoire, par EUGÈNE ROCH, paraît chaque mois, depuis le 1er janvier 1833, par livraison de 100 pages in-8°, beau papier satiné. 3 vol. par an. — Prix : 20 fr. et 24 fr. pour les départemens; 6 mois, 11 fr. et 13 fr. Bureau, rue de Provence, n° 63. Même prix pour la collection.

Tous les documens judiciaires importans y sont recueillis avec une stricte impartialité.

TRIBUNAUX FRANÇAIS.

AFFAIRE DU MONUMENT ÉLEVÉ A LA MÉMOIRE DU DUC DE BERRY SUR L'EMPLACEMENT DE L'ANCIEN OPÉRA, RUE DE RICHELIEU.

MM. le comte de Chabrol-Volvic, *ancien préfet de la Seine*, le baron Lecordier, Petit, Lebrun et Defresnes, *membres de la commission du dit monument;*

CONTRE M. LE MINISTRE DE L'INTÉRIEUR.

I. RÉCIT DES FAITS.

Nous allons, suivant notre habitude, rapporter avec une certaine étendue les faits qui se rattachent à cette cause doublement remarquable par l'objet du débat, et par la gravité des questions dont elle soulève l'examen. Fidèle à notre rôle de narrateur exact et impartial, nous puiserons nos renseignemens aux sources les plus incontestables, c'est-à-dire dans le *Moniteur* et dans les documens officiels qui ont été publiés durant le cours du procès. Nos lecteurs nous sauront gré, nous le pensons, de leur présenter un tableau vrai et complet d'une affaire qui, à une haute importance sous le rapport judiciaire, joint un assez vif intérêt sous le rapport politique.

Pour embrasser ici ce double rapport, il convient de reprendre les faits d'un peu plus haut qu'on ne l'a fait jusqu'à présent.

1

Le 9 avril 1821, la chambre des députés adopta en comité secret une résolution conçue en ces termes :

« Le roi sera supplié de proposer un projet de loi qui con-
« tienne la disposition suivante : — *Le terrain sur lequel est*
« *établie l'ancienne salle de l'Opéra, rue de Richelieu, sera con-*
« *verti en place publique et rendu inaliénable.* »

Cette résolution fut transmise par un message à la chambre des pairs. Elle y fut discutée et adoptée le 24 avril 1821. Dans le cours de la discussion, un membre (M. de Barante) fit observer « que la conversion du terrain dont il s'agit en « place publique étant plutôt un acte d'administration que « de législation, au lieu de provoquer une loi à cet égard, « la chambre des députés aurait peut-être dû se borner à « délibérer une adresse. »

Un autre membre (M. le duc Decazes) fut d'avis, au contraire, « que l'édifice dont la démolition devait précéder la « conversion du terrain en place publique faisait partie du « domaine de l'état, et que, sous ce rapport, une loi était « nécessaire pour autoriser sa destruction. »

Peu de jours après, un projet de loi fut présenté par le gouvernement pour réaliser le vœu émis par les chambres. Comme on touchait à la fin de la session législative quand le projet fut soumis à la discussion, il ne se trouva pas ensuite un nombre suffisant de députés présens pour voter sur son adoption.

A la session suivante, et le 11 juin 1822, un nouveau projet fut présenté par le ministre des finances, M. de Villèle. C'est ce projet qui est devenu le texte de la loi du 10 juillet 1822 (laquelle sera souvent invoquée dans le cours de ce procès, ainsi qu'on va le voir). L'article 3 du projet ne se composait primitivement que d'un seul paragraphe ainsi conçu :

« Seront pareillement mis en vente, pour le prix en être « versé dans la caisse du trésor, les matériaux provenant de « la démolition de l'ancienne salle de l'Opéra, située rue de « Richelieu. »

La commission chargée de l'examen de la loi proposa par l'organe de son rapporteur, M. Humbert de Sesmaisons, d'ajouter à l'article ci-dessus le paragraphe suivant :

« *L'emplacement de cet édifice demeurera consacré à une place* « *publique, sans qu'il puisse à l'avenir lui être donné une autre* « *destination.* »

« Le vœu général, dit le rapporteur (*Moniteur* du 16 juin « 1822), ne serait point satisfait si cette disposition n'était in- « troduite dans la loi.... Nous en prenons l'initiative avec « d'autant plus de plaisir, qu'elle a reçu l'assentiment général, « lors du rapport de la loi qui ne put être adoptée faute de « quelques voix. Sans doute, messieurs, il n'est aucun de « nous *qui ne désire qu'un jour cette place soit consacrée par* « *quelque monument* qui rappelle le souvenir du prince... Peut- « être un jour la piété filiale voudra-t-elle ériger ce monu- « ment à la mémoire paternelle...! Que la place entière reste « libre à tous les hommages ! »

Un seul orateur (M. de Beauséjour) demanda à parler, non contre l'amendement, mais contre le projet de démoli- tion en lui-même. Sans s'occuper du motif particulier qui dictait cette mesure, il l'improuva surtout dans l'intérêt des arts et de la fortune publique, et conclut à ce que la chambre refusât sous ce rapport d'y donner son agrément.

M. de Villèle répondit : « Il me sera permis de ne pas « rappeler à la chambre les considérations qui l'ont déter- « minée à la mesure dont il s'agit. Des propositions ont été « faites par la chambre des pairs et la chambre des députés ; « en conséquence de ces propositions, le gouvernement a pré- « senté une loi ; cette loi n'a pu être adoptée dans la dernière « session, parce que le temps a manqué. Cependant cet édifice « se trouve dans une situation où il dépérit tous les jours. *Il* « *n'était pas permis au ministère de le faire démolir sans l'autori-* « *sation de la loi ;* c'est cette autorisation que nous venons « vous demander. »

Le projet de loi fut adopté , sans autre discussion , avec le paragraphe additionnel proposé par la commission.

Dès avant la présentation de cette loi , et presque aussitôt après le meurtre commis sur la personne du duc de Berry , une commission s'était formée pour ériger un monument à sa mémoire , par voie de souscription volontaire. Le corps municipal de Paris en avait le premier émis le vœu , et ce vœu avait été approuvé par le ministre de l'intérieur (M. le comte Siméon) , par une décision du 28 mars 1820.

Le 23 juin de la même année , intervint , sur la demande de la commission, une ordonnance royale ainsi conçue :

« Louis, etc. , vu la demande formée par la commission « chargée de diriger tout ce qui concerne l'érection du mo- « nument voté par le corps des maires et adjoints de la ville « de Paris en l'honneur du duc de Berry ;

« Vu la lettre de M. le comte de Chabrol , préfet du dé- « partement de la Seine , en date du 8 juin courant ;

« Sur le rapport de notre ministre secrétaire d'état de « l'intérieur, nous avons ordonné et ordonnons ce qui suit :

« Art. I. Le règlement arrêté le 18 avril dernier , sur les « formes d'administration et de comptabilité des affaires re- « latives au monument qui doit être érigé en notre bonne « ville de Paris à la mémoire de notre bien-aimé neveu le « duc de Berry , est approuvé.

« Art. II. Le compte des recettes et dépenses de la souscrip- « tion ouverte pour ce monument sera soumis à l'examen « de notre Cour des comptes.

« Art. III. Nos ministres secrétaires d'état de l'intérieur et « des finances sont chargés , chacun en ce qui le concerne, etc.

« Donné en notre château des Tuileries , le 23 juin 1820.

« *Signé,* LOUIS. »

Plus tard , et quand le moment fut venu de faire emploi des fonds provenant de la souscription , la commission se pourvut devant le ministre des finances, à l'effet d'être autorisée à ériger son monument sur la place même de l'ancien Opéra, qui venait d'être démoli en vertu de la loi du 10 juillet 1822, ci-dessus rapportée. Cette autorisation lui fut accordée par M. de Villèle, le 30 juillet 1825, par la lettre suivante adressée à M. le comte de Chabrol, son président :

« Monsieur le comte, par votre lettre du 26 de ce mois,
« vous m'annoncez que la commission du monument funèbre
« de monseigneur le duc de Berry a projeté, d'après le vœu
« général des souscripteurs, d'élever sur l'emplacement de
« l'ancien Opéra une chapelle où serait renfermé le mausolée
« du prince, qu'on avait d'abord eu l'intention de placer dans
« l'église métropolitaine.

« En me faisant connaître l'opinion de M. l'archevêque
« de Paris et celle de M. le ministre de l'intérieur en faveur
« de ce projet, vous m'invitez à donner mon assentiment à ce
« que ce monument soit élevé sur l'emplacement dont il
« s'agit.

« Je ne puis, monsieur, qu'approuver à cet égard le choix
« de la commission, qui m'a paru satisfaire à toutes les con
« venances, et je vous autorise à faire pour cette construction
« les dispositions que vous jugerez convenables.

« Recevez, etc.   *Signé*, comte de VILLÈLE. »

La commission ayant fait dresser les plans du monument, elle les soumit à l'approbation du ministre de l'intérieur, qui les renvoya à l'examen du conseil des bâtimens civils. Le 20 avril 1826, lettre du ministre de l'intérieur au président de la commission, conçue en ces termes :

« Monsieur le comte, ainsi que je vous l'annonçais le 16 mars
« dernier, j'ai fait examiner par le conseil des bâtimens civils
« le projet présenté par MM. Moutier et Malpièce, pour le
« monument à élever, sur l'emplacement de l'ancien Opéra, à
« la mémoire de S. A. R. monseigneur le duc de Berry.

« Le rapport auquel ce travail a donné lieu vient de me
« parvenir, et je m'empresse de vous le communiquer. Il en
« résulte que, sauf quelques modifications relatives à la hau-
« teur du soubassement, à l'élévation de la voûte intérieure
« et au choix des matériaux, le projet est digne des plus
« grands éloges et susceptible de recevoir son exécution. Quant
« au devis, il a été l'objet de quelques observations portant
« sur des articles que l'on a omis, mais qu'il sera d'autant
« plus facile de rétablir, que leur valeur représente à peu près
« le montant présumé des économies prévues par les archi-
« tectes.

« Vous remarquerez aussi que M. le président du conseil
« des bâtimens civils, M. le comte de Tournon, a cru devoir
« appeler mon attention sur le peu de largeur des rues qui en-
« vironneront l'édifice. Il pense qu'en rétrécissant de deux
« mètres l'enceinte élevée sur laquelle sera construite la cha-
« pelle, on obtiendrait l'avantage de laisser à la circulation
« un espace dont elle a besoin, sans nuire à l'effet général du
« monument. Cette question mérite d'être étudiée avec soin,
« et je vous prie, monsieur le comte, d'engager les archi-
« tectes à exprimer quels seraient les moyens de modifier leurs
« projets en ce sens.

« Les changemens auxquels donneront lieu les observations
« du conseil n'étant pas assez importans pour nécessiter un
« nouvel examen, je ne puis qu'approuver dès aujourd'hui
« l'ensemble du travail de MM. Moutier et Malpièce, et en
« autoriser l'exécution.

« J'ai en conséquence l'honneur de vous renvoyer les plans,
« pièces et devis, que vous m'aviez communiqués, et je vous
« prie de pourvoir maintenant à tout ce qui est nécessaire
« pour que les travaux n'éprouvent aucun retard.

« Recevez, etc.   *Signé*, comte de CORBIÈRE. »

La commission procéda en conséquence à la construction

du monument projeté, en se conformant aux modifications et changemens indiqués dans la lettre ci-dessus.

Cet édifice n'était pas complètement terminé (du moins à l'intérieur), lorsque la révolution de juillet est survenue.

Il paraît qu'une correspondance s'établit entre le préfet de la Seine et la commission, relativement à la destination que le monument pourrait recevoir. M. le comte d'Argout, ministre des travaux publics, écrivit à ce sujet la lettre suivante à M. de Bondy, le 19 juin 1832 :

« Monsieur le préfet, j'ai examiné attentivement les faits et
« les observations consignés dans la lettre que vous m'avez
« fait l'honneur de m'adresser, le 16 février, au sujet du
« monument élevé sur l'emplacement de l'ancienne salle de
« l'Opéra, en contravention aux dispositions formelles de
« l'art. 3 de la loi du 10 juillet 1822. Mais quelque illégale
« que soit l'existence de cet édifice, quelque peu d'intérêt qu'il
« offre sous le rapport de l'art, il serait regrettable qu'on ne
« tirât aucun fruit des énormes sacrifices qu'il a coûtés, et
« auxquels la ville de Paris a concouru dans une aussi forte
« proportion.

« Je compte soumettre au roi la demande de présenter un
« *projet de loi* pour faire prononcer la cession, à la ville de
« Paris, de cette propriété, pour être affectée à un établisse-
« ment d'utilité publique. *Toutefois, il faut que l'on obtienne*
« *préalablement un acte de désistement ou d'abandon du comité*
« *représentant les souscripteurs,* et que, d'un autre côté, le conseil
« municipal prenne l'engagement de solder ce qui reste dû aux
« statuaires, aux entrepreneurs et aux divers agens qui ont
« participé à la construction du monument, et de pourvoir
« immédiatement à son achèvement.

« Je vous invite à prendre les mesures les plus promptes
« pour atteindre ce but. Aussitôt que vous aurez rempli ces
« conditions préliminaires, *je ferai préparer un projet de loi*

« *pour régulariser l'affaire*, et assurer à la ville de Paris la pro-
« priété de ce bâtiment.

« Recevez, monsieur le préfet, etc.

« *Signé*, comte d'ARGOUT. »

Les choses continuèrent cependant de rester dans le même état, et M. le comte d'Argout quitta le ministère sans qu'aucune mesure eût été arrêtée.

Dans cette situation, M. Guizard, directeur des bâtimens et monumens publics, écrivit, le 27 septembre 1834, à M. Malpièce, architecte du monument, la lettre ci-après :

« Monsieur, des marbres ont été délivrés par le dépôt du
« gouvernement à la commission chargée de diriger la cons-
« truction du monument élevé sur l'emplacement de l'ancien
« Opéra. Ce monument ne devant pas être achevé, ces mar-
« bres ne peuvent être employés à l'usage auquel ils étaient
« destinés; ils doivent en conséquence rentrer dans les maga-
« sins de l'état. M. le ministre de l'intérieur ayant décidé que
« ce transport aurait lieu, après leur reconnaissance, j'ai chargé
« M. Gaulle, conservateur du dépôt, de faire enlever les
« gravois qui couvrent les blocs déposés dans le chantier du
« monument, afin de pouvoir les reconnaître et marquer de
« la lettre M ceux qui seront reconnus appartenir à l'état.
« Pour éviter les erreurs, je vous prie de vouloir bien assister
« à cette opération ; aussitôt qu'elle aura été terminée, je pren-
« drai les ordres de M. le ministre pour faire exécuter le trans-
« port dans les chantiers du gouvernement, et faire dresser un
« procès-verbal d'enlèvement.

« Recevez, Monsieur, etc.

« *Signé*, GUIZARD. »

La commission fit notifier à M. le directeur un acte par lequel elle déclarait s'opposer à tout enlèvement de matériaux dépendant du monument. Nonobstant cette opposition, M. Guizard introduisit d'autorité des ouvriers dans le monument pour procéder à la reconnaissance et à l'enlèvement des marbres donnés dans le temps à la commission par le gouvernement. La commission fit constater cette entreprise par procès-verbal d'huissier du 30 septembre.

Un référé fut introduit. La commission prit les conclusions suivantes devant M. le président de la chambre des vacations, tenant l'audience des référés :

« Attendu que les marbres que M. le directeur des bâtimens « se propose de faire enlever sont des effets mobiliers dépo-« sés dans un local dont la commission est en possession ; — «. Que, d'ailleurs, ces marbres sont la propriété de la commis-« sion ; — Qu'en tout cas la possession de ces objets est recon-« nue par l'administration elle-même ; — Qu'en cet état, jus-« qu'à ce qu'il ait été statué par les juges compétens sur la « question de propriété, nul n'a le droit de s'introduire sur le « terrain dont s'agit, et d'y faire des enlèvemens quelconques, « des vérifications ou des marques, sans qu'il en soit ordonné « par justice : Voir dire qu'il lui sera fait inhibition et défenses « expresses d'introduire sur le terrain dont s'agit aucun in-« dividu étranger à la commission, d'y faire des enlèvemens « quelconques, des vérifications ou des marques, et que tous « ouvriers ou autres personnes qui y seraient introduits seront « tenus de vider les lieux à l'instant même, sinon que les re-« quérans seront autorisés à faire procéder à leur expulsion. »

Sur cette assignation en référé donnée à M. Guizard, M. le ministre de l'intérieur intervint pour prendre son fait et cause, se constitua partie dans le procès, et prit les conclusions suivantes :

« Attendu que la demande des sieurs de Chabrol et consorts « tend à faire intervenir l'autorité judiciaire dans une question « de voirie, qui, aux termes de la loi, est essentiellement ad-« ministrative ; qu'en vain les demandeurs allègueraient une « prétendue autorisation qui leur aurait été donnée de « construire un monument sur la place dont il s'agit ; — « Que cette autorisation, contraire aux termes de la loi ci-

« dessus citée , ne pourrait résulter que d'actes administratifs.
« dont l'appréciation et l'interprétation ne peut appartenir
« qu'à l'autorité administrative ; — Que, d'ailleurs, les de-
« mandeurs ne peuvent alléguer aucun droit de propriété ; —
« Que, d'après leur propre déclaration, le monument aurait
« été construit avec le montant de souscriptions volontaires qui
« ne pouvaient attribuer aucun droit personnel et privé à ceux
« qui y prenaient part ; — Que l'autorisation n'aurait eu
« pour résultat que de faire la construction d'un monument
« public non susceptible de propriété privée, n'ayant aucun
« maître particulier, et appartenant à l'état , qui avait fourni
« le terrain ; — Que les monumens publics sont sous l'autorité
« et à la disposition du ministre de l'intérieur , représenté , en
« cette partie de ses attributions , par le directeur des travaux
« publics ; — Qu'enfin les conclusions de la demande tendent
« à faire à l'administration publique , procédant dans les li-
« mites de ses attributions , des injonctions et des défenses qui
« ne peuvent, dans aucun cas, lui être données par les tribu-
« naux ; — Que , sous ces divers rapports, la question n'ap-
« partient pas à l'autorité judiciaire ; — Par ces motifs , se dé-
« clarer incompétent, et renvoyer les demandeurs à se pour-
« voir ainsi qu'ils aviseront. »

Sur ces conclusions respectives, le juge des référés rendit, le
1er octobre 1834 , une sentence portant ce qui suit :

« Attendu que si la loi du 10 juillet 1822 a ordonné que
« l'emplacement de l'ancien Opéra demeurerait consacré à une
« place publique, sans qu'il pût à l'avenir lui être donné une
« autre destination, il est constant en fait qu'une souscription
« pour un monument à la mémoire de M. le duc de Berry
« était ouverte à cette même époque ; — Qu'une commission
« fut formée pour diriger cette construction, et qu'elle est re-
« présentée par les parties de Me Cauthion (MM. de Chabrol et
« consorts) ; — Que le monument a été érigé sur cette place du
« consentement au moins de l'autorité administrative, qui
« même y a contribué en fournissant des fonds et des matériaux;

« — Que pendant quatorze ans, les choses sont demeurées en
« cet état, et que, depuis la révolution de juillet même, l'au-
« torité a reconnu cette possession, puisqu'elle a fait sommer
« la commission, au mois de janvier dernier, de démolir elle-
« même le dit monument; — Que dans cette position, il y a en
« faveur des souscripteurs, dûment représentés, un droit de
« possession publique et non contestée; — Que s'il ne peut
« être statué en référé sur la propriété du monument, il con-
« vient au moins de laisser provisoirement les choses dans leur
« état actuel; — Au principal, renvoyons les parties à se pour-
« voir, *et par provision*, faisons défense au ministre de l'inté-
« rieur de faire aucun enlèvement de matériaux et autres objets
« se trouvant sur le terrain, et de porter aucune attteinte au
« monument dont il s'agit; et, au cas contraire, autorisons
« les parties de M⁰ Cauthion à le faire constater par le commis-
« saire de police du quartier, pour être ensuite ordonné ce
« que de droit, tous droits et moyens respectivement réservés
« au fond. »

Appel par M. le ministre de l'intérieur. La cause s'agita entre
les parties devant la Cour royale sur les mêmes conclusions
que devant le juge du référé. Les plaidoiries terminées, et à
l'audience du lendemain, M. l'avocat-général Legorrec, portant la parole dans cette affaire, conclut à ce que la Cour dé-
clarât le litige hors de sa compétence, en se fondant sur le
texte d'un arrêté du ministre de l'intérieur qui n'avait pas encore été produit dans la cause, quoiqu'il fût d'une date antérieure à l'introduction du référé. « Cet arrêté, dit M. l'a-
« vocat-général (1), nous a été remis seulement depuis les
« plaidoiries; il ne se trouvait dans le dossier d'aucune des
« parties; cet arrêté n'a pas non plus été notifié. Il est en date
« du 25 septembre, en voici les dispositions..... »

____

(1) Nous empruntons cette citation au *Journal des Débats* du 10 octobre, qui rapporte en entier le réquisitoire de M. l'avocat-général.

M. l'avocat-général donne lecture de l'arrêté. Il porte :

« Art. I. Il sera procédé immédiatement à la démolition
« des constructions actuellement existantes sur l'emplacement
« de l'ancien Opéra, rue de Richelieu.

« Art. II. Les marbres approvisionnés pour ce monument,
« et qui proviennent des magasins de l'état, y seront réinté-
« grés ; ceux provenant d'autre origine seront provisoirement
« transportés au chantier de l'île des Cygnes, où ils seront
« conservés à titre de dépôt.

« Art. III. Les matériaux de démolition seront transportés
« dans des chantiers à proximité du monument , et seront mis
« en vente par adjudication publique. Le prix en sera versé
« dans la caisse des dépôts et consignations. »

Sur le vu de cet arrêté, la Cour royale de Paris infirma l'ordonnance de référé , le 9 octobre 1834 , par les motifs sui-
vans :

« Considérant que l'arrêté susénoncé , en exécution duquel
« M. Guizard a procédé , est un acte de l'autorité administra-
« tive , pris par le ministre dans le cercle de ses attributions,
« et dans la connaissance duquel l'autorité judiciaire ne peut
« s'immiscer ;

« Considérant d'ailleurs que des termes de cet arrêté et des
« dispositions qui y sont contenues , il résulte qu'aucune déci-
« sion n'est prise sur la propriété des matériaux à provenir de
« la démolition ordonnée , et que la question de propriété
« demeure entière ; — Que les mesures ordonnées par l'arrêté
« sont même conservatrices du droit des intéressés, si aucuns
« ils ont ;

« Par ces motifs, annulle l'ordonnance de référé comme in-
« compétemment rendue , et renvoie les parties à se pourvoir
« ainsi qu'elles aviseront. »

La commission s'est pourvue tout à la fois, contre l'arrêt qui
précède devant la Cour de cassation, et contre l'arrêté du
ministre de l'intérieur, devant le conseil d'état. Nous n'avons

à nous occuper ici que de la première affaire, nous réservant de faire connaître plus tard à nos lecteurs les débats et la décision à intervenir sur la seconde, devant la haute Cour administrative.

A l'appui de son pourvoi en cassation, la commission a fait imprimer et distribuer une consultation délibérée par M. Pardessus, ancien député et ancien membre de la Cour. Le nom de l'auteur de cette production, qui occupe un rang si distingué parmi les jurisconsultes de l'époque, et l'importance des questions qui y sont traitées, nous déterminent à insérer ici la discussion en entier, tout ce qui a rapport aux faits se trouvant reproduit dans l'exposé que nous venons de présenter.

« La Cour royale de Paris, par son arrêt du 9 octobre dernier, dit M. Pardessus, a faussement appliqué les lois qui défendent aux tribunaux d'empiéter sur les attributions de l'administration, et violé celles qui réservent exclusivement à l'autorité judiciaire le jugement des contestations relatives à la propriété et à la possession des choses, même lorsque cette propriété ou possession sont un objet de discussion entre l'état et des particuliers.

« Un simple coup d'œil sur la procédure suffit pour démontrer quel a été le véritable état de la cause devant le premier juge, et la Cour de cassation est trop éclairée pour ne pas savoir que le référé n'étant qu'un provisoire où tout dépend de l'état apparent des choses, cet état a pu et dû seul être apprécié.

« De quoi s'agissait-il, en effet, dans la contestation sur laquelle est intervenu l'arrêt dénoncé?

« Si nous examinons la question telle qu'elle s'est trouvée fixée dès l'origine, par le fait même du directeur des bâtimens et monumens publics, dont M. le ministre de l'intérieur a pris le fait et cause, nous voyons qu'il s'agissait uniquement de marbres que le directeur des bâtimens annonçait l'intention de faire enlever du monument.

« Le droit de l'administration sur la voirie, la prohibition de bâtir sur l'emplacement de l'ancien Opéra, n'étaient point encore allégués.

« Le directeur des bâtimens prétendait que les marbres appartenaient au gouvernement ; il alléguait que le ministre de l'intérieur lui avait ordonné de les réclamer.

« La prétention était à la fois injuste et ridicule ;

« *Injuste,* car les marbres étaient depuis plusieurs années dans la possession de la commission ; elle avait en sa faveur la présomption légale fondée sur l'article 2279 du Code civil, qu'*en fait de meubles possession vaut titre;*

« *Ridicule ,* car il est permis au ministre de l'intérieur de donner soit à des particuliers, soit à des corporations ou réunions collectives , des tableaux, des livres , des statues , des marbres , pour l'acquisition desquels le budget met chaque année des sommes assez considérables à sa disposition.

« Que l'exercice de cette faculté soit sujet à des abus, cela est possible ! Qu'on blâme aujourd'hui, pour avoir donné des marbres destinés à orner le monument du duc de Berry, le ministre que peut-être alors on encensait précisément à cause de cette largesse, nous l'accordons encore !

« Mais ce n'est pas par les événemens politiques survenus depuis qu'un fait a été consommé, qu'on peut se décider pour apprécier les droits que ce fait a créés.

« A tort ou à raison, les marbres ont été donnés à la commission, et l'état, encore moins le successeur d'un ministre , n'a pas le droit de révoquer une donation de choses mobilières , consommée par la tradition.

« Et quand même, ce qui assurément n'entrera jamais dans l'esprit d'aucun magistrat, quand même on supposerait que l'état ou les ministres ont ce droit exorbitant de révoquer à leur gré les dons mobiliers et manuels qu'ils ont faits et réalisés, personne à coup sûr n'ira jusqu'à prétendre qu'ils soient fondés à envoyer leurs agens enlever ces objets de la maison, de l'établissement, du monument où ils se trouvent; que ces agens puissent agir ainsi, sans même avoir notifié à l'avance l'arrêté qui aurait prononcé la révocation de la donation; qu'il suffit à ces agens, à ce ministre, de dire qu'ils sont administrateurs, que leurs actes sont administratifs, pour que les magistrats soient tenus de garder un respectueux silence sur la réclamation des personnes que le ministre veut dépouiller.

« L'état, comme tout autre donateur qui veut faire rescinder la donation qu'il a faite, et rentrer dans la possession de la chose donnée, n'a que la voie d'action.

« Prétendît-il même que les choses qu'il réclame lui ont été volées, il ne pourrait encore donner à des agens de son administration l'ordre d'aller les enlever de force.

« Dans tous ces cas, dès que celui qui est en possession des objets mobiliers réclamés par un ministre au nom de l'état soutient qu'il en est propriétaire, l'intervention et le jugement des tribunaux deviennent indispensables.

« Toute question de propriété, lors même qu'elle intéresse l'état, est de leur compétence.—Ce principe a été avoué d'une manière très-remarquable dans le célèbre arrêté du directoire exécutif du 2 nivôse an VI, relatif à la compétence en cas de contestations sur des ventes *faites* par la nation. On y lit plusieurs fois en termes formels, *que toute question de propriété entre la nation et un citoyen doit être jugée par les tribunaux.* On n'en excepte que les contestations contre les acquéreurs, *après l'adjudication consommée.*

« Ce principe ne saurait être l'objet d'aucun doute sérieux. Il a été consacré, suivant le témoignage de M. Merlin, *Répertoire*, v° *Contentieux*, par une multitude de décrets impériaux.

« Or, au moment où l'instance en référé a été introduite, s'agissait-il, pouvait-il s'agir d'autre chose que d'une question de propriété prétendue par l'état contre des particuliers?

« Un agent de M. le ministre de l'intérieur, se disant porteur d'ordres (dont par parenthèse il n'exhibait ni le titre, ni le contenu), faisait enlever des marbres dans un monument dont la commission avait été autorisée à faire la construction, dans un monument que cette commission possédait de fait, puisqu'elle n'en avait pas encore achevé la confection à l'intérieur.

« Si la commission eût repoussé par la force les ouvriers qu'on introduisait ainsi dans le monument pour en arracher les marbres, qu'aurait-on pu lui dire? N'aurait-elle pas justifié sa résistance par le principe que nul, quelque juste d'ailleurs que puisse être sa réclamation au fond, n'a le droit de se mettre en possession des choses qu'il prétend lui appartenir.

« Elle a préféré d'appeler à son secours la protection des tribunaux ; elle a introduit un référé pour que défenses fussent faites aux agens du ministre d'enlever les marbres, et de procéder aux démolitions qu'exigerait cet enlèvement.

« Certes, ou il faut fermer volontairement les yeux sur les faits et les principes, ou il faut reconnaître que l'objet de la contestation était bien réellement un débat de propriété entre des hommes qui voulaient conserver ce qu'ils possédaient, et les agens d'un ministre qui voulaient le leur enlever de force.

« Qu'est-il arrivé? Les agens du ministre ont disparu ; le ministre est intervenu ; il a pris leur fait et cause ; il est devenu partie, au lieu de rester magistrat administratif. Il a prétendu qu'il avait le droit non-seulement d'enlever les marbres, premier objet de la contestation, et unique but de l'introduction du référé, mais encore de démolir l'édifice entier : 1° en vertu de la loi du 10 juillet 1822, qui, selon lui, s'opposait à ce qu'un monument fût construit sur l'emplacement de l'ancien Opéra ; 2° en vertu du droit de voirie, qui appartient à l'administration, sans que les tribunaux puissent en troubler l'exercice.

« Le juge du référé ne pouvait évidemment connaître du fond, mais il devait justice. La commission lui demandait protection contre l'enlèvement violent de matériaux dont elle était en possession. Le fait de cette possession était la seule chose qu'il eût à vérifier ; on ne contestait pas ce fait, on ne pouvait raisonnablement le révoquer en doute.

« La compétence de ce juge était donc incontestable.

« Cette compétence a-t-elle subsisté lorsque M. le ministre de l'intérieur a invoqué la loi du 10 juillet 1822, et les droits de la voirie? Le juge du référé n'a-t-il pas eu raison de ne point s'arrêter à ce système de défense? La Cour royale, qui a infirmé sa décision, et proclamé l'incompétence judiciaire, par le motif qu'il s'agissait d'affaire administrative, n'a-t-elle pas, elle-même, méconnu les lois et les droits de sa compétence?

« L'affirmative ne nous paraît pas douteuse.

« La Cour de cassation a adopté, relativement au droit des tribunaux de prononcer sur des questions dans lesquelles on invoque des actes administratifs, une jurisprudence trop connue pour qu'il soit nécessaire d'en accumuler les monumens.

« Il ne suffit pas que l'administration ait pris un arrêté sur un objet pour que tout soit dit, et que l'action des tribunaux soit paralysée : il faut que l'administration ait été compétente pour statuer.

« Or, précisément l'incompétence du ministre de l'intérieur va être démontrée.

« Le système qu'il a fait valoir, tant devant le juge du référé que devant la Cour royale, présente deux hypothèses. La première, que l'emplacement de l'ancien Opéra appartient, d'après la loi du 10 juillet 1822, à l'état, comme reste d'un bâtiment démoli dont il était propriétaire; la seconde, qu'il est devenu place de la ville de Paris, place sur laquelle la voirie administrative a droit d'exercer librement son action.

« Raisonne-t-on dans le premier système? Le droit de conserver les domaines de l'état, de les revendiquer contre ceux qui les ont usurpés, de provoquer la démolition des édifices qu'un usurpateur y aurait construits, est dans les attributions du ministre des finances. Les lois en confient la direction à ce ministre et à l'administration des domaines qui lui est subor-

2

donnée ; elles veulent que les actions soient intentées et sou-
tenues par les préfets.

« Lorsque, par la plus singulière des interversions, ce droit
est exercé par le ministre de l'intérieur, les arrêtés que ce
ministre peut prendre ne sont point dans le cercle de sa compétence administrative ; il n'en résulte point pour les tribunaux
l'obligation de les respecter.

« Si le ministre de la justice faisait un règlement de voirie,
de police pour le roulage, la Cour de cassation ne casserait
point le jugement qui aurait refusé de punir les contrevenans.
Vainement dirait-on que les tribunaux ne peuvent se refuser
à l'exécution des actes de l'administration ; qu'ils ne peuvent
s'en rendre juges ! La Cour de cassation répondrait, comme
elle l'a fait souvent, que ces principes ne s'appliquent qu'aux
actes faits par l'administrateur dans le cercle de sa compétence.

« Donc, le juge du référé n'a pu voir dans l'intervention du
ministre de l'intérieur invoquant les droits de l'état sur l'ancien emplacement de l'Opéra, un motif qui s'opposât à ce
qu'il accueillît la demande portée devant lui par la commission,
demande dont le but unique était d'obtenir des défenses contre
des actes de violence.

« Raisonne-t-on dans le second système, c'est-à-dire dans
l'hypothèse que l'ancien emplacement de l'Opéra est devenu
place de la ville de Paris ? Les places étant la propriété des
villes qui les renferment, c'est au maire, dûment autorisé, et
à Paris, c'est au préfet, exerçant sous ce rapport les fonctions
de maire, qu'appartient le droit de revendiquer contre des
usurpateurs les terrains sur lesquels ceux-ci auraient fait des
constructions, ou dont ils se seraient, de toute autre manière,
indûment emparés.

« Lorsque, par une interversion tout aussi bizarre que la pré-
cédente, le ministre de l'intérieur, dans la vue de justifier
l'enlèvement, qu'il avait prescrit à ses agens de faire, des marbres, objet primitif et unique du référé, a prétendu que le

monument du duc de Berry avait été indûment construit sur une place de la ville de Paris, le juge du référé n'a pas dû davantage prendre le change. Il a dû ne voir dans la cause que ce qui y était réellement : la prétention du ministre d'enlever par force des objets à ceux qui en avaient la possession; prétention élevée, si l'on veut, par un homme qui est administrateur, mais par un homme qui n'a pas dans ses attributions le droit d'exercer les actions de la ville de Paris; qui, par conséquent, ne peut exciper, pour légaliser sa conduite, de droits dont la défense ne lui est pas remise par la loi.

« Dira-t-on que les anticipations ou usurpations des places de la ville de Paris sont des objets de grande voirie que la loi du 29 floréal an X a soustraits à la compétence des tribunaux ? Quoiqu'on puisse douter si, à cet égard, il existe pour la ville de Paris un droit dont ne jouissent certainement pas les autres villes, accordons-le ! Mais ce n'est point au ministre de l'intérieur que cette loi a confié le soin de juger s'il a été commis des anticipations, des usurpations, et, par suite, d'ordonner la démolition des constructions indûment faites. Ce soin est confié à un tribunal administratif, devant lequel l'autorité qui provoque la démolition des indues constructions cite son adversaire, qui juge sur les défenses respectives, dont les décisions sont sujettes à l'appel, non devant le ministre, mais devant le conseil d'état ; et ce n'est que lorsqu'on est muni d'un jugement administratif qui ordonne la démolition, qu'on a droit d'y faire procéder.

« Le juge du référé, à qui aucun acte semblable n'était produit, qui ne devait et ne pouvait voir, dans les entreprises des agens du ministre de l'intérieur, l'exécution d'un jugement rendu en matière de voirie, pouvait-il, devait-il refuser la protection de la justice contre des actes qu'une décision légale, rendue par l'autorité compétente, n'autorisait pas ?

« Quand même l'arrêté de M. le ministre de l'intérieur, du 25 septembre, qui n'a jamais été produit devant le juge du référé, qui n'a paru devant la Cour royale qu'après les plaidoiries, sans avoir jamais été signifié, aurait été exhibé au juge du référé, il n'aurait pas dû y avoir égard ; car ce n'est point au ministre de l'intérieur que la loi confie le soin d'ordonner la démolition des constructions faites au préjudice des règlemens sur la voirie , c'est au conseil de préfecture. Et lors même qu'une condamnation a été prononcée par ce tribunal et confirmée par le conseil d'état, ce n'est point au ministre de l'intérieur qu'appartient l'action pour faire exécuter le jugement, c'est au maire de la commune, et à Paris au préfet.

« Ce point de vue de la cause méritait d'être signalé. Il fournit, dans notre opinion, un moyen de cassation évident contre l'arrêt du 9 octobre 1834 , qui, s'arrêtant à la simple apparence, a cru qu'il n'appartenait plus aux magistrats de juger, parce qu'un administrateur, quoique sans titre ni qualité dans la contestation, excipait lui-même et personnellement, comme partie intervenante , des ordres qu'il avait donnés hors du cercle de ses attributions.

« Mais telle est, selon nous, l'évidente justice de la cause de la commission, que, même en concédant à M. le ministre de l'intérieur la capacité qui vient de lui être contestée , le pouvoir judiciaire n'en restait pas moins compétent.

« Reprenons encore les deux hypothèses que présente sa défense, tant devant le juge des référés que devant la Cour royale.

« L'ancien emplacement de l'Opéra est-il resté domaine national, et, quelque absurde que soit cette supposition , le ministre de l'intérieur était-il partie capable pour agir contre la commission qui avait établi une construction sur cet emplacement ? C'était encore au pouvoir judiciaire à prononcer.

« La commission, en effet, n'a pas fait cette construction de son autorité propre, comme un possesseur de mauvaise foi qui s'empare d'un terrain appartenant à un autre.

« Quand cela serait, le véritable propriétaire (et ici c'est l'état) n'aurait qu'une action en démolition à intenter conformément à l'art. 555 du Code civil, action qui devrait être portée devant les tribunaux. Si le vrai propriétaire voulait agir par violence pour démolir l'édifice indûment construit, le juge du provisoire devrait lui faire des défenses, et protéger même le possesseur injuste, jusqu'à décision régulière sur le fond.

« Mais ce n'est pas dans cette position qu'est la commission. Le ministre des finances, dans les attributions duquel sont les domaines nationaux, a, par une décision du 30 juillet 1825, autorisé la commission à construire sur l'ancien emplacement de l'Opéra.

« On peut prétendre tant qu'on voudra que le ministre a eu tort ; on peut solliciter, si l'on veut, l'annulation de la concession qu'il a faite. Toujours est-il qu'on ne peut nier qu'il n'ait agi dans les limites de sa compétence, puisque tout ce qui concerne les domaines nationaux lui est attribué par les lois ; toujours est-il que, même après qu'on aurait légalement fait révoquer la concession du 30 juillet 1825, il faudrait, pour évincer la commission et faire détruire les constructions faites par elle, obtenir une condamnation des tribunaux. Et lorsque rien de semblable n'est produit, lorsque la concession du 30 juillet 1825 est encore dans toute sa force, on voudrait que le juge du référé, qui ne doit s'arrêter qu'à l'apparence du titre, eût été dans l'obligation de refuser justice à ceux qui lui demandaient d'arrêter des actes de violence, sous prétexte que ces actes de violence avaient été ordonnés par un ministre à qui n'est pas confié le soin de conserver et de revendiquer les domaines nationaux ! On voudrait qu'il eût refusé cette justice à ceux qui avaient construit en vertu de l'autorisation du ministre dans le département duquel sont les domaines nationaux ; à ceux qui avaient encore tout le bénéfice de cette autorisation non révoquée !

« Le terrain de l'ancien Opéra est-il considéré comme une place de la ville de Paris ? Sans doute, dans cette seconde hypothèse, l'affaire est moins étrangère au ministre de l'intérieur ; sans doute il peut être question de voirie.

« Mais entendons-nous bien, car c'est à l'aide des équivoques que les causes injustes prennent une sorte d'apparence de justice ; mais aussi c'est en levant l'équivoque qu'on parvient à mettre la vérité dans tout son jour.

« La voirie appartient à l'administration, en ce sens que nul ne peut s'emparer, pour un usage quelconque, de la voie publique ou d'une place publique, sans y avoir été autorisé par l'administration ; en ce sens que l'administration peut dénoncer aux juges compétens les anticipations et usurpations indûment faites.

« Mais quand l'administration, agissant dans le cercle de ses attributions, a concédé la faculté de faire une construction sur une place publique, il n'y a plus usurpation , il y a droit accordé, et droit si bien reconnu par la loi , que l'article 257 du Code pénal réprime également, et ceux qui dégradent les monumens élevés par l'autorité publique, et ceux qui dégradent les monumens élevés par des particuliers avec permission de cette même autorité.

« Celui qui use de la permission accordée ne peut être considéré comme usurpateur de la voie publique.

« Or, précisément la commission est dans ce cas.

« Avouée par le corps municipal et le préfet de la ville de Paris, dont une place devait recevoir le monument, elle a obtenu du ministre des finances la permission de le construire, et sur la place même où il est. Le ministre de l'intérieur, à son tour, a approuvé les plans et autorisé leur exécution ; il y a même apporté, dans l'intérêt des maisons voisines, des modifications tendantes à donner aux rues environnantes plus de largeur qu'elles n'en avaient lorsque l'Opéra subsistait ; et ces modifications ont été exactement observées.

« La commission a donc une possession non usurpée , et spécialement protégée par l'art. 257 du Code pénal. Maintenant qu'on essaie de faire révoquer la décision du 30 juillet 1825 par une ordonnance royale, qui seule peut infirmer la décision d'un ministre ! Nous le concevons. Mais cette ordonnance ne serait pas rendue sans que le conseil municipal de Paris soit consulté, sans que la commission du monument se défende ; et quand, tout cela fait, une ordonnance aura révoqué la concession, le préfet de Paris agira pour faire condamner la commission à démolir, ou pour se faire autoriser à effectuer la démolition.

« Jusque-là, l'autorisation du 30 juillet 1825 conserve toute sa force : elle est un titre auquel la provision est due.

« Que répond l'arrêt du 9 octobre 1834 à des vérités aussi incontestables ? Que l'autorité judiciaire est impuissante pour arrêter des actes de violence exécutés au préjudice d'une possession fondée sur des titres ; qu'elle est paralysée par l'arrêté du ministre de l'intérieur, du 25 septembre 1834.

« La singulière apparition de cet arrêté, qui n'a jamais été invoqué ni par l'agent de M. le ministre de l'intérieur, lorsque, en vertu des ordres de son supérieur, il se bornait à enlever seulement les marbres, le 29 septembre ; ni par le ministre lui-même, quand il est venu, le 1er octobre, se faire partie directe au procès ; ni dans sa plaidoirie en cour d'appel, quoique sans doute il dût bien savoir si ou non il avait pris un arrêté le 25 ; cette apparition, uniquement à l'instant où l'avocat-général a pris des conclusions, a de quoi surprendre.

« Peut-être les magistrats partageront-ils notre surprise ; peut-être aussi seront-ils frappés d'une marche qui a évidemment violé la règle des deux degrés de juridiction, qui a empêché d'établir une discussion contradictoire sur une pièce qui forme le fondement unique de l'arrêt dénoncé.

« Le temps ne nous permet pas de discuter ces points.

« Mais sans doute les magistrats verront encore la chose de plus haut. Ils savent que, lorsqu'il s'agit d'une contestation entre l'état et des particuliers, lors même que l'état est représenté par celui que la loi a constitué son représentant légal (ce qui n'a pas eu lieu dans l'espèce, comme nous l'avons démontré), l'arrêté du ministre, constatant la prétention de l'état, ne peut être un obstacle à la compétence des tribunaux. Lorsqu'un ministre, croyant que tels ou tels objets possédés par des particuliers appartiennent à l'état, charge un agent de les revendiquer; lorsqu'un ministre, croyant qu'un terrain appartient à l'état, et que des constructions y ont été indûment faites, prend une décision pour faire réintégrer l'état dans la possession, c'est arrêté n'est qu'un libellé, qu'une cédule de demande. Si cet arrêté s'opposait à ce que les tribunaux connussent de la contestation, l'état serait juge et partie. Si par cela seul que la prétention a été élevée par un acte administratif, le pouvoir judiciaire était réduit au silence; si la décision de l'arrêt du 9 octobre pouvait être sanctionnée par la Cour de cassation, les droits des citoyens seraient livrés à l'arbitraire le plus redoutable! Le seul fait d'une prétention élevée par un ministre au nom de l'état contre un particulier enlèverait aux tribunaux le droit de juger qui, de l'état ou de ce particulier, a tort ou raison!

« Ces réflexions, qui s'appliquent à la cause considérée dans la prétention de M. le ministre de l'intérieur de faire enlever les marbres donnés par l'un de ses prédécesseurs, et de faire démolir le monument construit, comme usurpation d'un terrain appartenant à l'état, ne s'appliquent pas avec moins d'évidence à la prétention de faire démolir le monument en vertu du droit de voirie.

« Si la construction avait été faite sans titre, sans droit, sans autorisation préalable, la ville, à qui la place appartient, devrait agir devant les tribunaux pour en obtenir la destruction, conformément à l'art. 555 du Code civil; ou si la place était classée dans les objets de grande voirie, elle devrait agir devant le conseil de préfecture, en vertu de la loi du 29 floréal an X.

« Mais, ni dans l'un ni dans l'autre cas, un arrêté du ministre de l'intérieur ne peut remplacer la décision judiciaire ou administrative, exclusivement nécessaire pour que la démolition soit commandée.

« Qu'était donc l'arrêté de M. le ministre de l'intérieur, du 25 septembre, devant lequel la Cour de Paris a cru que le pouvoir judiciaire devait garder le silence ? Un acte qui pouvait servir au préfet de Paris, pour provoquer devant le tribunal ou devant le conseil de préfecture un jugement ou un arrêté aux fins de destruction du monument. Encore sommes-nous intimement convaincu que le préfet n'aurait pu intenter cette action qu'après y avoir été autorisé par délibération du conseil municipal. S'il en était autrement, tous les monumens élevés dans les villes, soit par elles, soit par des particuliers avec autorisation, seraient à la discrétion du ministre. Sans les consulter, malgré elles, il prendrait un arrêté de destruction : il le ferait exécuter sans que les tribunaux eussent le moyen de conserver ces propriétés communales, qui, de même que toutes les autres propriétés, sont sous la sauve-garde de la justice.

« L'erreur de la Cour royale est donc évidente : erreur d'autant plus inexcusable que ce n'était pas le fond que la Cour avait à juger ; elle n'avait à prononcer que sur un référé, matière dans laquelle il ne s'agit que du fait de la possession, que de l'état apparent des choses.

« Or, qu'y avait-il de plus apparent que la possession des marbres dans laquelle était la commission ?

« Qu'y avait-il de plus apparent que l'autorisation donnée par le ministre des finances, le 30 juillet 1825, de construire le monument sur le terrain de l'ancien Opéra ?

« Qu'y avait-il de plus apparent que la décision du ministre de l'intérieur, du 20 avril 1826, approuvant les plans de la commission ?

« Tous ces actes n'étaient-ils pas des titres auxquels la provision était due ?

« Le conseil persiste donc, avec confiance, dans le sentiment que l'arrêt du 9 octobre 1834 doit être cassé.

« Délibéré à Paris, ce 21 décembre 1834,

« PARDESSUS.

II. COUR DE CASSATION.

CHAMBRE DES REQUÊTES.

*(Audience du 23 novembre 1834. — Présidence de
M. le baron Zangiacomi.)*

Un public beaucoup plus nombreux que de coutume se
presse dans l'enceinte de la chambre des requêtes. La gravité
de l'affaire et l'importance de la décision que la Cour est ap-
pelée à rendre paraissent préoccuper assez vivement les assis-
tans.

MM. les membres de la commission sont présens à l'audience.

M. le procureur-général Dupin est au fauteuil du ministère
public.

M. le conseiller Joubert fait le rapport de l'affaire. Ce magistrat expose les faits sur lesquels est intervenu l'arrêt déféré à la censure de la Cour. Il donne lecture des pièces de la
procédure, et fait connaître les moyens de cassation proposés
par les demandeurs et développés dans la consultation de
M. Pardessus. M. le conseiller termine cet exposé en présentant
quelques observations pour et contre l'admission du pourvoi.

Après ce rapport, la parole est donnée à Me Mandaroux-
Vertamy, avocat de la commission.

« MESSIEURS,

« C'est au sujet d'un monument élevé par la piété publique, avec le concours empressé des hommes de toutes les
classes, que nous venons recourir à votre juridiction protec-
trice.

« Ce monument ne devait faire ombrage à personne. Inspiré

par la douleur d'un meurtre, il semblait protégé par une telle consécration.

« D'ailleurs, si ce monument rappelait le genre de mort de la victime, il rappelait aussi les sentimens de clémence élevée qui marquèrent ses derniers momens.

« Le peuple, malgré l'impétuosité qui lui est propre, l'avait respecté en juillet 1830. Les divers ministres qui depuis lors ont tenu les rênes du gouvernement s'étaient honorés d'un semblable scrupule pour les cendres des morts.

« Ces exemples ont été sans fruit. Le monument vient d'être démoli !

« Qu'y gagneront les arts ? Qu'y gagnera la morale publique ? Qu'y gagnera surtout ce respect pour les choses saintes, si nécessaire à inculquer dans l'esprit des nations ? M. le ministre de l'intérieur restera chargé de faire la réponse.

« Quoi qu'il en soit, un devoir impérieux et sacré était imposé aux hommes honorables appelés par le vœu des souscripteurs à présider à cette œuvre religieuse. Les membres de la commission ont gémi des premières attaques dirigées contre le monument confié à leur garde. Pour détourner la dévastation dont il était menacé, ils n'ont point, quoi qu'on en puisse dire, dédaigné de recourir aux voies amiables compatibles avec la dignité de leur caractère. Les démarches ont échoué..... Il faut croire que d'avance il était résolu dans la tête d'un homme que le monument devait tomber !

« Alors, les membres de la commission ont tourné leurs regards du côté de la justice ordinaire, pour y chercher un appui qu'ils ne trouvaient point ailleurs. Le juge du premier degré a consacré leurs droits, et sanctionné leur résistance. Le juge d'appel n'a pas osé connaître du fond du débat. Un acte du pouvoir administratif venait de lui être représenté ; il lui a semblé que, devant un acte de cette nature, l'autorité judiciaire n'avait qu'à s'incliner et se soumettre.

« C'est cette réserve, messieurs, qu'il nous est permis d'appeler *excessive,* que nous venons vous dénoncer comme cons-

tituant une infraction aux règles de la juridiction, un excès
de pouvoir, un déni de justice.

« Avant d'aborder les faits propres au débat sur lequel est
intervenu l'arrêt déféré à votre censure, il est à propos de vous
faire connaître, messieurs, les titres en vertu desquels la commission a procédé et agi. Vous jugerez si on était en droit de
les traiter aussi légèrement qu'on l'a fait.

« Et d'abord, on n'ignore pas que ce fut au sein du conseil
municipal de la ville de Paris que prit naissance l'idée d'une
souscription pour un monument à la mémoire de l'infortuné
duc de Berry. A peine conçue, cette idée se propagea avec rapidité, comme il arrive chez nous à toutes les pensées nobles
et généreuses. Toutefois, le conseil municipal ne céda pas à un
premier entraînement ; il voulut procéder par les voies régulières, et avec la sanction de l'autorité supérieure. A cet effet,
M. le préfet de la Seine soumit le projet de souscription à
M. le ministre de l'intérieur, qui, par une lettre en date du
28 mars 1820, y donna son entière approbation. La souscription fut accueillie partout avec faveur, à Paris et dans les provinces. C'est un fait dont le temps n'a pas effacé le souvenir,
et dont les listes insérées au *Moniteur* pourraient, au besoin,
rendre témoignage.

« Par suite de l'autorisation accordée par le ministre de
l'intérieur, une commission se forma ; elle fut composée en
majorité de membres pris dans le sein de l'administration municipale. Ce choix répondait à la fois aux convenances et au
vœu des souscripteurs.

« Les souscriptions se multipliaient : la commission allait
avoir à s'occuper de recettes et de dépenses. Elle voulut, dans
le soin de sa propre responsabilité, appeler sur cette partie de
sa mission le contrôle même auquel sont soumis les comptables
des deniers publics. Une ordonnance du 23 juin 1820, rendue
sur sa demande, approuva le règlement par elle adopté le
18 avril, et attribua à la Cour des comptes l'examen des recettes et dépenses de la souscription.

« Une difficulté s'élevait. Le montant de la souscription suffirait-il à l'entretien du monument expiatoire tel qu'il était projeté ? M. le ministre des finances voulait être éclairé sur ce point, avant de concéder le terrain sur lequel le monument serait construit.

« Le conseil municipal alla au devant de cette difficulté, et par une délibération, en date du 7 février 1825, il arrêta qu'en cas d'insuffisance des fonds de la souscription pour la dotation de la chapelle expiatoire, il y serait pourvu par une allocation annuelle sur le budget de la ville de Paris.

« Cet obstacle levé, M. le comte de Villèle, président du conseil des ministres, ministre des finances, par une décision du 30 juillet 1825, autorisa, sur la demande de la commission, l'érection du monument sur l'emplacement de l'ancien Opéra, qui venait d'être démoli en exécution de la loi du 10 juillet 1822. Le choix de l'emplacement avait déjà obtenu l'assentiment de M. le comte de Corbière, ministre de l'intérieur.

« Il ne restait plus qu'à arrêter les plans de la construction. Ce n'était pas une œuvre d'architecture, une création d'art qu'on se proposait ; néanmoins, comme c'était une construction au sein de la capitale, il importait, tout en lui conservant le caractère qu'elle devait avoir, d'éviter autant que possible de blesser les exigences de l'art.

« La commission céda encore à cette sollicitude. Les plans dressés par les architectes de son choix furent soumis à M. le ministre de l'intérieur. Le conseil des bâtimens civils fut appelé à émettre son avis ; il proposa diverses modifications ; elles furent adoptées par M. le ministre de l'intérieur, et c'est d'après ces plans, ainsi modifiés et approuvés, que la commission procéda à l'exécution de l'entreprise.

« Voilà, messieurs, sur la foi de quels titres le monument a été élevé ! Et ce sont ces titres qu'on a si hardiment foulés aux pieds ! Nous ne craindrions pas cependant de demander à M. le ministre de l'intérieur lui-même, contre qui nous

plaidons, s'il en fût jamais de plus légitimes et de moins con-
testables. »

Passant aux faits particuliers de la cause, M⁰ Mandaroux-
Vertamy observe que le débat s'est engagé devant les tribunaux sur une simple lettre écrite à M. Malpièce, architecte du
monument, par M. le directeur des bâtimens publics, qui
annonçait l'intention de faire enlever du monument les marbres donnés dans le temps à la commission par le ministre de
l'intérieur. Il donne lecture de cette lettre, dont nous avons
fait connaître le texte plus haut, et fait remarquer qu'elle ne
mentionne aucunement l'arrêté ministériel qui plus tard a
été opposé à la commission. Il ajoute que le ministre étant
venu se constituer partie dans le procès, au lieu et place de
M. Guizard, il ne s'est jamais prévalu de son arrêté pour appuyer l'exception d'incompétence par lui proposée ; que c'est
l'avocat-général portant la parole en cause d'appel, qui, le
premier, et après la clôture des plaidoiries, a révélé soudain
l'existence de cet acte, sur lequel il a été impossible par conséquent d'engager aucun débat contradictoire.

Après cet exposé, l'avocat arrive à la discussion des moyens
sur lesquels le pourvoi est fondé.

« L'arrêt qui vous est dénoncé, dit-il, viole les règles de la
juridiction sous quatre points de vue différens.

« 1° L'arrêté du ministre n'ayant été produit qu'en cause
d'appel, et après les plaidoiries terminées, la Cour royale, en
prenant cette pièce pour base de sa déclaration d'incompétence,
a privé les parties du premier degré de juridiction.

« 2° La Cour royale a fait produire à cet arrêté l'effet d'un
arrêté de conflit, et en cela elle a virtuellement contrevenu
aux dispositions de l'ordonnance du 1er juin 1828, car ici le
conflit n'aurait été élevé ni dans la forme ni dans les délais
requis.

« 3° L'arrêté ministériel était nul pour défaut de qualité,
de pouvoir et de caractère, de la part du fonctionnaire de qui

il émanait ; à ce titre , il ne pouvait être invoqué devant les tribunaux, à l'effet de paralyser leur juridiction.

« 4° Enfin , le ministre s'était rendu , dans tous les cas , non recevable à exciper lui-même de son arrêté, par suite de son intervention comme partie.

« Nous soutenons d'abord que la règle des deux degrés de juridiction a été violée.

« Quel était en effet le véritable, l'unique objet du débat devant le juge des référés?

« Le directeur des bâtimens civils prétendait faire enlever du monument les marbres donnés par le gouvernement à la commission. La commission se défendait contre cette entreprise violente, en invoquant son droit de possession. Aucun acte de l'autorité administrative n'était encore produit pour paralyser l'action des tribunaux. Il s'agissait uniquement d'une question de possession d'objets mobiliers se rattachant à un droit de propriété ?

« Qu'a fait le juge du référé? Il a maintenu provisoirement la commission dans le droit de conserver les marbres ainsi revendiqués.

« En appel, on n'a pas davantage excipé d'un acte de l'autorité admininistrative. Ce sont les lois sur la voirie ou celle du 10 juillet 1822 qui ont été l'arsenal où M. le ministre de l'intérieur a emprunté exclusivement ses armes de défense.

« L'arrêté a été produit, il est vrai, mais à quel point de la procédure? après les conclusions respectivement prises et développées ; après les plaidoiries enfin.

« Ce fait est de notoriété publique ; il est attesté par tous les actes de la cause, et par le rapport d'un journal dont le témoignage ne saurait être taxé de partialité, au moins défavorable à la cause de M. le ministre (1).

« L'arrêté n'a été ni notifié, ni communiqué à la commis-

(1) *Journal des Débats*, du 10 octobre 1834. (*Voyez* plus haut, *Récit des faits.*)

sion ; il n'a pu être en première instance l'objet d'une discussion ; la sentence du premier juge a néanmoins été réformée
en vertu de cette seule pièce ; elle l'a donc été injustement, et
les membres de la commission se sont vus privés du bénéfice
d'un premier degré de juridiction, puisqu'il leur a été impossible de débattre ni de contredire la pièce, qui, en appel, est
devenue le fondement unique de la déclaration d'incompétence. »

L'avocat cite à l'appui de ce moyen deux arrêts de la Cour
de cassation, l'un du 22 décembre 1829, l'autre du 28 août
1834. Il passe ensuite à la discussion du second moyen.

« La Cour royale a fait produire à l'arrêté ministériel l'effet
propre d'un arrêté de conflit.

« Nous sommes loin, assurément, de prétendre que les tribunaux ne puissent, sans la production d'un arrêté de conflit,
reconnaître et déclarer leur incompétence. Ils le peuvent, soit
sur la demande des parties, soit même d'office ; mais c'est lorsque la matière se trouve formellement enlevée à leur juridiction par une loi spéciale.

« Ici, aucune loi, si ce n'est les lois relatives à la voirie, n'attribuait juridiction à l'autorité administrative. Or, les lois sur
la voirie ne sont applicables que là où il s'agit d'anticipations, d'interceptions de la voie publique, ou de constructions faites sans autorisation. C'est ce qu'a déjà démontré,
avec une incontestable évidence, le savant jurisconsulte, auteur de la consultation qui vous a été distribuée.

« D'un autre côté, il est de droit public que les édifices et
monumens faisant partie du domaine de l'état ne peuvent être
aliénés ou démolis (et démolir c'est plus qu'aliéner) qu'en
vertu d'un acte de l'autorité législative.

« Enfin, et quant à la loi du 10 juillet 1822, il nous sera facile d'établir tout à l'heure que l'arrêté de M. le ministre
de l'intérieur, loin de pouvoir être considéré comme une
exécution donnée aux dispositions de cette loi spéciale, en
viole au contraire directement et le texte et l'esprit.

« Cet arrêté n'ayant point été produit en première instance, et le ministre étant intervenu comme partie dans le débat, que fallait-il pour obtenir une décision d'incompétence ? Il fallait que l'autorité administrative, par l'intermédiaire du préfet, élevât le conflit. Mais elle ne le pouvait qu'à la condition indispensable de viser dans son arrêté le texte de loi qui attribuait à l'administration la connaissance du litige (art. 6 de l'ordonnance du 1er juin 1828). L'embarras, disons mieux, l'impossibilité de satisfaire à cette formalité rigoureuse a fait renoncer probablement à l'idée d'élever le conflit.

« D'ailleurs, un arrêté de conflit n'aurait pas suffi pour dessaisir irrévocablement l'autorité judiciaire. Cet arrêté eût pu être annulé par le conseil d'état, qui, dans tous les cas, et même en le maintenant, aurait renvoyé l'affaire devant le premier degré de la juridiction administrative contentieuse. M. le ministre de l'intérieur ne voulait certainement rien de pareil : c'est pour cela aussi qu'il a préféré s'en tenir à un arrêté qui le laissait provisoirement maître suprême du débat et même du monument.

« Les magistrats n'auraient pas dû prendre le change ; leur compétence était incontestable, ils devaient la maintenir en dépit de l'acte qu'on faisait apparaître à leurs yeux d'une façon si étrange, en désespoir de cause, et après avoir épuisé vainement tous les argumens pris des lois sur la voirie.

« Cet acte pouvait d'autant moins arrêter le cours de la justice ordinaire, que le fonctionnaire de qui il émanait avait agi, dans cette circonstance, en dehors du cercle de ses attributions. »

Me Mandaroux-Vertamy reproduit ici les moyens développés dans la consultation de M. Pardessus, pour démontrer l'incompétence du ministre de l'intérieur. Il cite l'arrêté du 12 messidor an VIII, qui attribue à ce fonctionnaire la surveillance et la conservation des monumens publics. « Mais ce droit de surveillance et de conservation, dit-il, que personne n'a intérêt à contester à M. le ministre, ne saurait

3

être étendu, apparemment, jusqu'à l'investir d'un pouvoir arbitraire de démolition et de dévastation.

« Le ministre, du reste, n'a pas eu le courage d'invoquer cette législation dans son arrêté, et nous ne lui ferons pas l'injure de croire qu'il ait songé sérieusement à faire dériver son droit de compétence du titre dont on a voulu le décorer, et que nous sommes loin de lui dénier pour notre part, de fonctionnaire suprême en matière d'alignement, de voirie et de salubrité publique. M. le ministre a mieux aimé appuyer sa mesure sur le texte de l'article 3 de la loi du 10 juillet 1822. Cet article porte : « L'emplacement de l'ancien Opéra sera « consacré à une place publique, sans qu'il puisse à l'avenir « lui être donné une autre destination. »

« Sur quoi, M. le ministre dit dans son arrêté : « Considé-« rant que ce n'est qu'en violation des prescriptions formelles « d'une loi qui n'a été rapportée ni modifiée par aucune au-« tre, que des constructions ont été élevées sur l'emplace-« ment de l'ancienne salle de l'Opéra; arrêtons, etc. »

« Ce serait donc par respect pour les prescriptions de cette loi de 1822 que M. le ministre aurait ordonné la démolition du monument !

« A quelle interversion de rôles nous réduit pourtant un aussi étrange système ! Eh quoi ! c'est contre les membres de la commission que M. le ministre ne craint pas d'invoquer la loi de 1822 ! C'est en présence du monument dévasté, que, son arrêté à la main, il vient apprendre à la ville de Paris, qui versa dans la souscription près de 300,000 fr., aux autres souscripteurs du royaume, qui firent plus que doubler cette somme, que lui seul il s'est montré religieux observateur du vœu qui inspira cet acte législatif, pendant que les souscripteurs et les membres de la commission eux-mêmes en auraient sciemment outragé et le texte et l'esprit. Il n'en sera pas ainsi, messieurs; justice sera faite de ce respect hypocrite pour une loi qu'on invoque alors même qu'on la met en lambeaux. On nous y provoque, eh bien ! nous suivrons M. le ministre de l'intérieur dans cette lice par lui si imprudemment ouverte.

« Rappelons d'abord quelques souvenirs.

« L'affreuse catastrophe du 13 février venait de priver la France de l'un de ses princes, les arts d'un protecteur généreux, la classe indigente d'un bienfaiteur toujours secourable et compatissant. Ce fut, messieurs, un noble spectacle pour notre pays que la trève d'animosités politiques qui intervint alors pour faire place à une pensée commune de consternation et de deuil. Dans ce sentiment, tous les rangs, toutes les opinions se confondirent; la douleur publique s'exprima partout avec les mêmes démonstrations.

« Sous cette impression, qu'il y aurait honte à révoquer aujourd'hui, car elle fit honneur au caractère national, la chambre des députés adopta une résolution conçue en ces termes :

« Le roi sera supplié de proposer un projet de loi qui con-
« tienne la disposition suivante :

« *Le terrain sur lequel est établie l'ancienne salle de l'Opéra,*
« *rue de Richelieu, sera converti en place publique, et rendu ina-*
« *liénable.* »

« Cette résolution fut adoptée par la chambre des pairs.

« A la même session, un projet de loi fut présenté pour réaliser le vœu émis par les pouvoirs législatifs.

« Le projet fut renvoyé, suivant l'usage, à l'examen d'une commission. — Le rapporteur de la commission s'exprima de la manière suivante au sujet de l'article 3 du projet (qui est justement l'article invoqué par M. le ministre à l'appui de son arrêté de voirie) :

« Cet article, messieurs, n'a souffert aucune difficulté; cha-
« cun de nous, au contraire, a rapporté de son bureau l'ex-
« pression de la satisfaction éprouvée en voyant se réaliser un
« vœu que les chambres avaient émis, et que sa majesté avait
« bien voulu accueillir et approuver.....

« Mais nous avons à vous observer que le vœu général ne
« sera pas pleinement satisfait si, par amendement, l'on n'a-
« joute un quatrième article qui serait ainsi conçu :

« *L'emplacement de cet édifice demeurera consacré à une place*
« *publique, sans qu'il puisse à l'avenir lui être donné une autre*
« *destination.*

« Nous prenons l'initiative de cet amendement avec d'au-
« tant plus de plaisir, qu'il a reçu l'assentiment général, lors
« du rapport de la loi, qui ne put être votée faute de quelques
« voix.

« Sans doute, messieurs, il n'est aucun de nous qui ne dé-
« sire qu'un jour cette place soit consacrée par quelque monument
« qui rappelle à tous que ce fut là que la mort nous dévoila la
« royale espérance au sein de la royale infortune ; que ce fut
« là que la veuve désolée promit à son époux de se conserver
« pour nous conserver son fils : c'est là un monument qui
« dira que cette place est à jamais consacrée par le sang , par
« les pleurs des Bourbons , par les larmes du roi.

« Peut-être un jour la piété filiale voudra-t-elle ériger ce
« monument à la gloire paternelle : *que la place entière reste*
« *libre à tous les hommages!*

« Oui, messieurs, sa majesté nous accordera cette faveur ;
« que ce vœu de piété, j'oserai dire populaire, devienne une
« loi de l'état !

« La commission vous propose, par mon organe, l'adoption
« du projet avec l'amendement indiqué. »

« Un seul membre , dans l'intérêt des arts et de la fortune
publique , s'opposait au projet de démolition.

« M. le ministre des finances répondit: « Il me sera permis de
« ne pas rappeler à la chambre les considérations qui l'ont dé-
« terminée à la mesure dont il s'agit. Des propositions ont été
« faites par la chambre des pairs et la chambre des députés ;
« en conséquence de ces propositions, le gouvernement a pré-
« senté une loi ; cette loi n'a pu être adoptée dans la dernière
« session , parce que le temps a manqué. Maintenant, cet édi-
« fice se trouve dans une situation où il dépérit tous les jours.
« *Il n'était pas permis au ministère de le faire démolir sans l'au-*

« *torisation de la loi* ; c'est cette autorisation que nous venons
« vous demander. »

« Le projet de loi fut adopté, sans autre discussion, avec le
paragraphe additionnel proposé par la commission.

« C'est donc, comme on le voit, dans des vues de consécration, et uniquement dans ces vues-là, que l'ancien édifice
fut démoli, et que l'emplacement fut converti en place publique. Ce qu'on voulait empêcher, c'est que le gouvernement
pût jamais mettre cet emplacemement en vente, pour le
faire entrer dans le domaine des particuliers, ou qu'il
pût y être élevé d'autres construction d'art ou d'utilité publique.

« Mais ce qu'on était loin de proscrire, ce qu'on appelait
au contraire par des vœux unanimes, c'était l'érection d'un
monument destiné à rappeler un grand souvenir de deuil.

« Que M. le ministre de l'intérieur essaie maintenant, s'il
en a le courage, de nous prouver qu'en prenant sur lui d'ordonner la démolition du monument, il n'a rien eu de plus à
cœur que de rétablir l'autorité trop long-temps méconnue de
la loi de 1822. Il nous suffirait de lui répondre, d'abord, qu'é-
lever un monument sur une place publique, ce n'est en chan-
ger ni l'usage ni la destination, et en fait, que la loi même
dont M. le ministre prétend se constituer le vengeur, loin de
s'opposer à l'érection d'un monument tel que celui qui a été
élevé par la commission, l'autorisait au contraire expressément
et l'appelait même par un vœu formel. »

Mᵉ Mandaroux-Vertamy passe à la discussion du quatrième
moyen.

« Au surplus, dit-il, et c'est peut-être ici le point le plus
capital, en l'état de la cause, la production de l'arrêté dont il
s'agit a-t-elle pu amener une déclaration d'incompétence ?

« Rappelons d'abord qu'il s'agissait d'une question dont
aucune loi n'enlève la connaissance à l'autorité judiciaire. Il
s'agissait, en effet, de la maintenue en possession d'objets mobiliers livrés à la commission par une autorité compétente,

et dont quelques-uns étaient encore à employer quand d'autres l'avaient été déjà.

« La commission avait qualité pour repousser toute tentative violente ayant pour objet l'enlèvement de matériaux par elle employés à la construction d'un monument, monument qui, pour le dire en passant, était aussi bien placé sous la protection des lois, quoique élevé par des particuliers, que s'il eût été élevé par l'autorité publique elle-même. C'est la disposition formelle de l'article 257 du Code pénal.

« Cela étant, que devait faire le ministre, si, dans des vues que je ne veux pas approfondir, il tenait à priver la commission du bénéfice de la juridiction ordinaire ? Il devait agir comme magistrat supérieur de l'ordre administratif ; à ce titre, prendre sous sa responsabilité constitutionnelle un arrêté conçu dans les mêmes termes, s'il eût voulu, mais dont il aurait confié l'exécution à ses agens. Alors il conservait aux yeux des tribunaux la plénitude du pouvoir administratif ; il assumait sur lui, à la vérité, une responsabilité plus grande, mais enfin il se posait franchement comme magistrat usant de son pouvoir discrétionnaire.

« Le ministre n'a rien fait de semblable. M. Guizard, son agent, s'est borné à écrire une sorte de *lettre d'avis*, au lieu de se présenter armé d'une décision ministérielle qu'il aurait eu charge de faire exécuter.

« M. Guizard est à peine assigné devant les tribunaux, que le ministre, son supérieur, se présente et déclare prendre son fait et cause. Excipe-t-il lui-même d'un arrêté ? Non. Il s'offre comme partie dans le débat, comme adversaire direct de la commission. Il abdique absolument son caractère de magistrat de l'ordre administratif, et se soumet à la juridiction des tribunaux, à l'instar d'un justiciable ordinaire. Il répond par des conclusions aux conclusions prises par la commission.

« Le juge de première instance se déclare compétent, aussitôt le ministre d'interjeter appel de la sentence.

« En appel, que fait-il? Il reprend ses conclusions. Ici encore agit-il comme magistrat administratif? Nullement. C'est comme partie, comme partie voulant obtenir de la Cour elle-même une déclaration d'incompétence.

« C'est la seconde fois qu'en bien peu de temps ce ministre a cherché à alléger ainsi le fardeau de la responsabilité ministérielle; il a voulu, dans cette circonstance, engager la magistrature, comme il l'avait fait à l'égard de l'un des corps politiques, à une déclaration motivée qui rentrât dans ses vues.

« Il sentait toute l'étendue de la responsabilité qu'il encourait, s'il prenait sur lui seul d'arrêter une mesure aussi exorbitante, et d'en poursuivre l'exécution de la manière qu'il l'a fait.

« Aussi, n'a-t-il pas manqué de se présenter, soit en première instance, soit en appel. Son but, messieurs, n'en doutez pas, était d'obtenir une déclaration d'incompétence, fondée sur ce qu'il avait agi *dans le cercle de ses attributions ;* et il est permis de supposer qu'il se servirait de cette déclaration d'incompétence comme d'un bouclier, si l'on attaquait sa responsabilité ministérielle. Alors il ne manquerait pas de dire qu'il n'a agi ainsi qu'il l'a fait qu'après avoir appris de la bouche même des magistrats que les tribunaux étaient incompétens pour connaître de l'affaire.

« Si le ministre, au contraire, eût conservé son caractère de magistrat supérieur de l'ordre administratif, et se fût tenu en dehors du procès, la déclaration d'incompétence était alors une décision qui laissait ce magistrat avec la pleine responsabilité de ses actes.

« Voilà en quoi la production de cet arrêté, eût-elle eu lieu même dès les premiers pas de la procédure, n'aurait pu, faite par le ministre partie dans la cause, donner lieu à une déclaration d'incompétence. Voilà comment la Cour royale a commis un excès de pouvoir en se laissant entraîner cependant à une pareille déclaration.

« Si sa décision n'était point réformée, nous verrions par la suite l'étrange spectacle d'un débat judiciaire dans lequel un ministre consentirait à figurer comme partie, tant en première instance qu'en appel, et qui, voyant le succès près de lui échapper, retirerait subitement le litige du sanctuaire de la justice ordinaire, à l'aide d'un arrêté dont la date serait visiblement à sa disposition.

« Ici, il ne nous est pas permis d'élever des doutes sur la date véritable de l'arrêté qui a été produit. Mais pour s'en abstenir en présence de tous les faits de la cause, il ne faut rien moins qu'une confiance entière dans la sincérité et la véracité du ministre notre adversaire ; car si cette garantie venait à nous manquer, en vérité nous n'en aurions pas d'autre. » (On rit.)

Me Mandaroux-Vertamy termine en ces termes :

« Jamais cause, messieurs, ne s'est présentée environnée de plus de faveur. Les parties qui réclament justice sont des citoyens honorables, ayant appartenu pour la plupart à l'ancien corps municipal de la ville de Paris. Ils viennent vous demander s'ils ont eu tort de résister comme ils l'ont fait aux entreprises si expéditives de M. le ministre de l'intérieur.

« Approuverez-vous, messieurs, cet acte, que je ne crains pas de qualifier du nom de vandalisme, dirigé contre un monument ? et quel monument encore ! un monument consacré à la mémoire d'un prince à qui personne, que je sache, ne refusa du moins les vertus de la bienfaisance et de la bonté. Ce prince, vous le savez, tomba sous le fer d'un assassin !...

« Qui donc, grand Dieu ! quel est l'honnête homme du moins qui oserait chercher à affaiblir soit l'horreur, soit même le souvenir d'un lâche assassinat. Quant à moi, je le déclare hautement... Mes sentimens et mes affections sont peut-être connus de plusieurs ; mais du reste, comme ils ont leur racine dans un amour ardent et sincère pour le bien du pays, je n'ai jamais cru avoir à en faire un mystère à personne.

S'il arrivait donc, ce qu'à Dieu ne plaise, qu'un prince de la famille actuellement régnante tombât victime d'un lâche attentat ; qu'au milieu du deuil des honnêtes gens et de la consternation de sa famille, ce prince, à son heure dernière, ramassât ce qui lui reste de forces pour demander à Dieu le pardon de ses fautes, à la justice humaine le pardon de son meurtrier ; si des hommes honorables, dans une pensée religieuse, politique même si l'on veut, entreprenaient de consacrer par un monument pieux cette mort à la fois héroïque et glorieuse, j'applaudirais à leur dessein...

« Et si, plus tard, des événemens contraires survenaient qui changeassent tout-à-coup la face de l'état, je le déclare, messieurs, je rougirais de honte et d'humiliation si des hommes, qui me seraient chers à d'autres titres, entreprenaient de porter une main sacrilége sur un monument élevé par la piété et les regrets.

« Ces sentimens, qu'alors je proclamerais tout haut, il doit m'être permis de les manifester en ce moment. »

Après cet éloquent plaidoyer, qui a produit une profonde impression, M. le procureur-général Dupin prononce son réquisitoire en ces termes :

« MESSIEURS ,

« Les circonstances politiques du fait sont parfaitement indifférentes au jugement du pourvoi. Le nom du monument n'a pas besoin d'être prononcé par nous. Monument pieux ou monument profane, politique , civil ou commercial , la question de droit est la même. L'éloge ou la critique, les regrets ou l'antipathie , sont sans influence sur la décision que vous êtes appelés à rendre.

« Les parties sont pour vous comme des quantités algébriques : vous jugez sans acception des personnes ou de leurs qualités.

« Et d'abord, remarquez que l'arrêt de la Cour royale de Paris n'est pas attaqué au fond. On convient, dans le mémoire même des demandeurs , que si l'arrêt du ministre eût été opposé dès l'origine, notifié à la commission, et régulièrement produit , le juge du référé, et après lui la Cour royale, auraient pu se déclarer incompétens , d'après les principes de la séparation et de l'indépendance absolue des deux autorités administrative et judiciaire.

« L'arrêt n'est donc attaqué que sous le rapport de la forme (1). On prétend que l'arrêté du ministre a été produit tardivement , et n'a pu servir valablement de base à l'arrêt d'incompétence.

« A l'appui de ce système , on invoque l'autorité de deux arrêts antérieurs , rendus par la Cour dans deux espèces , dont la différence avec celle de la cause n'est pas assez remarquée. Par le premier de ces arrêts , en date du 22 décembre 1829 , vous avez jugé que lorsque, après les plaidoiries terminées, les juges ont renvoyé la cause à un tel jour *pour la prononciation de l'arrêt*, il ne peut être , au jour indiqué , *pris de nouvelles conclusions* par les parties. Mais cette décision est évidemment inapplicable à la cause actuelle. Il ne s'agit pas , dans cette cause , de débats entièrement clos , d'un renvoi à jour fixe ordonné uniquement pour la prononciation de l'arrêt, ni surtout de nouvelles conclusions prises par les parties , et changeant ou modifiant l'état du procès. L'arrêté du ministre a été invoqué , selon les demandeurs eux-mêmes , au plus tard, par le ministère public donnant ses conclusions. Quant à l'exception d'incompétence , elle avait été opposée dès le premier acte du procès.

« Le second arrêt est du 28 août 1834 ; il a jugé que l'une des parties n'est plus recevable, après la clôture des plaidoiries *et les conclusions du ministère public* , à exciper d'une pièce

---

(1) Cependant M. le procureur-général ne laisse pas d'examiner ensuite, dans le cours de son réquisitoire , les moyens du fond développés par l'avocat de la commission, et énoncés dans une *requête additonnelle* par elle déposée au greffe de la Cour.   *(Note du rédacteur.)*

nouvelle ; fût-ce même d'un arrêté du conseil de préfecture , qui aurait jugé le litige en sa faveur. En ce cas , les juges ne sont pas tenus d'avoir égard à cette production tardive , et leur décision ne peut être annulée comme ayant porté atteinte à un acte administratif , *si d'ailleurs ils étaient compétens pour connaître du litige.* Il s'agit toujours , dans ce second arrêt , de nouvelles productions que l'une des parties aurait voulu faire , même *après les conclusions du ministère public* , et de productions telles , qu'elles changeaient entièrement la nature du procès.

« Rien de cela n'a eu lieu dans l'affaire actuelle ; cette affaire doit donc être appréciée en elle-même , indépendamment de tout précédent. Deux raisons décisives doivent vous déterminer au rejet du pourvoi.

« La première , c'est que l'arrêté du ministre *n'eût-il pas existé* , le devoir de l'autorité judiciaire n'en aurait pas moins été de se déclarer incompétente.

« La seconde , c'est que , même en supposant que l'arrêté ait été invoqué, pour la première fois , par le ministère public, seulement après les plaidoiries des parties, il l'a été encore à temps , et la Cour royale ne pouvait se dispenser d'y avoir égard.

« L'arrêté du 25 septembre n'eût-il pas existé , l'incompétence des juges du référé n'en était pas moins établie par les autres élémens du procès.

« En effet , la loi du 10 juillet 1822 résout à la fois la question en fait et en droit ; elle prescrit en point de fait que l'emplacement de l'ancien Opéra deviendra une place publique , et par conséquent du domaine public ; et en point de droit , elle dit qu'on ne pourra donner à cette place une autre destination. L'arrêté du ministre n'a fait que rappeler la loi , la promulguer de nouveau , pourvoir à son exécution.

« On objecte qu'après la loi du 22 juillet 1822, une permission de construire est intervenue : un ministre qui n'avait pas en son pouvoir d'abroger la loi , et qui n'a pas osé y porter atteinte par un arrêté formel , a donné , il est vrai , par simple lettre , une autorisation administrative de construire ; mais cette autorisation , donnée en cette forme , a pu être révoquée de la même manière , afin qu'on rentrât dans le texte de la loi.

« Cette permission de construire n'était ni une aliénation , ni un titre privé : elle n'était rien autre qu'une disposition administrative. Par la lettre même de M. de Villèle , c'étaient le préfet , les douze maires , non pas les individus , mais les titulaires de ces fonctions, qui étaient autorisés à recevoir les souscriptions ; la commission devait être prise *dans leur sein* , le tout sous la surveillance de l'autorité supérieure.

« Le terrain sur lequel il s'agissait de construire est une place publique , le monument élevé dessus devait être un monument public, *ædificium solo cedit*. Les commissaires n'étaient donc que les préposés de l'autorité à une construction publique ; les *negotiorum gestores* de l'autorité. Ni eux , ni personne n'a donc pu acquérir une possession à titre privé , telle qu'on puisse l'invoquer en justice , une possession *animo domini*, pas même une possession précaire , sur une chose non susceptible de domaine privé. Entrepreneurs gratuits de travaux publics , ils n'ont aucun droit qui puisse empêcher l'autorité d'arrêter ces travaux si elle le juge convenable , et de décider que l'édifice en construction ne sera pas continué. C'est un droit que l'art. 1794 du Code civil garantit formellement, même aux simples particuliers , à l'égard des travaux pour lesquels ils peuvent avoir traité. Cela est si évident , que la commission des souscripteurs l'a senti elle-même ; elle a interrompu ses travaux, abandonné le monument. Depuis juillet, les regrets sont à la cour du Louvre ; c'est là qu'est le culte public à la douleur nationale !

« Dans cet état de choses, le directeur des monumens publics, par sa lettre du 27 septembre 1834, a notifié à la commission que le monument ne serait pas *achevé*, et que le ministre avait *décidé* que le transport des marbres aurait lieu.

Ainsi, une décision était alléguée, alléguée par écrit ; c'était à l'autre partie à en demander la représentation textuelle. La production qui en a été faite plus tard, sans même que les parties l'eussent demandée, a été la conséquence de l'allégation. D'ailleurs, la lettre et l'injonction du directeur des monumens publics, agissant au nom du ministre, était un acte administratif suffisant, indépendamment de tout arrêté distinct, pour que l'autorité judiciaire dût s'abstenir d'en connaître.

« Dans tous les cas, l'arrêté du 25 septembre a été produit en temps opportun par le ministère public. De la nature même de la cause et de cet arrêté, il résultait une exception d'incompétence matérielle. Cette exception peut être présentée en tout état de cause ; il est du devoir du ministère public de l'invoquer à défaut des parties ; et enfin, à défaut même de toute demande, les juges doivent y suppléer d'office (Code de procédure civile, art. 170). Le ministère public a donc pu, ou, pour mieux dire, a donc dû, même après les plaidoiries, faire connaître à la Cour l'arrêté administratif qui existait, et qui établissait, par surcroît de preuve, son incompétence matérielle.

« D'ailleurs, cet arrêté n'a pas changé la cause. Ce n'est pas un conflit, et l'on ne lui en a pas donné les effets ; aucun conflit n'a été élevé, mais il y a eu arrêt d'incompétence. Les conclusions sont restées les mêmes ; l'incompétence avait été proposée en première instance, dès l'abord de la cause ; et cela est si vrai, que l'autorité administrative avait même refusé de conclure au fond.

« On objecte que l'autorité judiciaire ne doit avoir aucun égard aux arrêtés émanés d'une autorité incompétente. Ce principe est vrai dans de certaines limites ; il l'est, par exemple, en ce sens que lorsqu'un arrêté a décrété illégalement une peine, si l'on demande à un tribunal l'application de cette peine, il devra la refuser, mais sans jamais avoir le droit d'anéantir l'arrêté. Or, dans l'espèce, il ne s'agit pas d'une disposition semblable. Le juge du référé s'est attaqué à l'acte administratif lui-même ; il a voulu l'anéantir, il a fait défense au ministre d'agir en sa qualité, et conformément à sa décision.

« Le ministre, du reste, était compétent pour prendre la décision et l'arrêté. S'il se fût agi d'une propriété foncière publique, c'eût été le préfet du lieu de la situation ; pour une perception, les différentes régies ; mais pour une question de haute administration, pour un fait d'exécution, pour les travaux de construction d'un monument public, c'était le ministre de l'intérieur.

« Ce ministre, dit-on, ne pourrait pas ordonner par lui-même la destruction d'un monument, et il faut une loi pour arriver à un pareil résultat. Sans doute ; si un ministre s'avisait de prendre un arrêté pour la démolition de la Bourse ou de l'église de la Madeleine, il encourrait une grave responsabilité ; mais, dans ce cas même, ce ne serait pas aux tribunaux, mais à un autre pouvoir à prononcer. D'ailleurs, la différence est énorme ; ce n'est pas d'un monument achevé, mais d'un monument en construction qu'il s'agit (1).

« On a essayé de tirer aussi une fin de non-recevoir contre l'arrêté du ministre, parce que ce dernier est intervenu comme partie dans la contestation. Le ministre, il faut le reconnaître, aurait dû rester ministre au-dessus et en dehors du procès ; il n'aurait pas dû soumettre sa personne à la juridiction, quand il ne voulait pas y soumettre ses actes. Mais cette qualité de plaideur qu'il a prise a-t-elle pu le dépouiller de son droit d'agir et de prendre des arrêtés comme ministre ? La question

---

(1) M. le procureur-général soulève ici un point délicat. L'arc-de-triomphe de l'Étoile ou le palais du quai d'Orsay (*monumens en construction*) pourraient-ils, par exemple, être démolis sans l'intervention d'une loi ? La question nous paraît d'une haute importance dans notre droit public. Elle sera sans doute agitée devant le conseil d'état.

L'église de la Madeleine elle-même n'est pas encore entièrement construite, du moins à l'intérieur.   (*Note du rédacteur.*)

est superflue , car l'arrêté est du 25 septembre, huit jours avant le référé et avant l'intervention.

« L'intervention était inutile ; elle était contestable, et l'on aurait pu la contester si on y avait eu intérêt. Mais le procès n'en était pas moins valablement engagé avec le directeur des monumens publics, dont la présence suffisait, comme exécuteur du fait en référé.

« Au fond, la propriété des matériaux a été réservée par l'arrêté du ministre, et elle est pareillement réservée par l'arrêt de la Cour royale; personne au monde, pas même les souscripteurs, ne peut se prétendre propriétaire du monument; quant à l'exécution des ordres de démolition, donnés par le ministre, c'est une question purement administrative, dans laquelle , sous aucun rapport, il n'est permis à l'autorité judiciaire d'intervenir.

« Par ces motifs, nous concluons au rejet du pourvoi. »

La Cour, après un long délibéré, a rendu l'arrêt suivant, qu'on assure n'avoir été pris qu'à la majorité d'une *seule* voix (1).

« Considérant qu'à l'autorité administrative seule appartient le droit d'ordonner ou d'autoriser la construction des monumens publics, et d'en ordonner la démolition ;

« Considérant que le ministre de l'intérieur , dans une matière qui était entièrement de sa compétence, puisqu'il s'agissait d'une construction sur la voie publique, a pris, le 25 septembre 1834, un arrêté pour ordonner la démolition du monument dont il s'agit, et dont la construction avait été suspendue par les demandeurs en cassation ;

« Considérant que cet arrêté , dont la date est antérieure à toutes poursuites, et qui a été implicitement énoncé dans la lettre du 27 septembre 1834, écrite par M. Guizard , a été produit en Cour royale avant les conclusions du ministère public, et qu'il a servi de base à ces mêmes conclusions ;

(1) Nous empruntons ce bruit au *Journal des Débats* du 24 décembre, mais sans le garantir.

« Considérant, enfin, qu'à l'égard de la question de propriété, tant des marbres que des autres matériaux à provenir de la démolition, les droits des demandeurs sont déclarés par l'arrêt attaqué entièrement réservés, et qu'en se bornant à déclarer l'autorité judiciaire incompétente pour s'immiscer dans une question de démolition d'un monument public, l'arrêt attaqué, loin de violer aucune loi, n'a fait qu'une juste application de celles qui régissent la matière :

« La Cour rejette. »

III. PROTESTATION ET COMPTE-RENDU.

Depuis les débats de ce procès, la commission a publié la note suivante, adressée aux souscripteurs du monument. Nous la reproduisons d'après les journaux quotidiens qui l'ont rapportée.

« MESSIEURS,

« Un monument voté par vous s'élevait au sein de la capitale. Respecté pendant nos orages politiques, il témoignait tout à la fois de l'horreur de la France pour l'assassinat, et de la vertu du prince dont la voix expirante demandait « *grâce pour l'homme* ».... car son cœur avait pardonné au meurtrier.

« Ce monument, une résolution inattendue, s'associant à de tristes souvenirs, vient de le détruire, malgré nos efforts.

« L'histoire dira dans quel but, par quel ordre.

« Pour nous, fidèles à un mandat d'honneur, nous avons opposé la justice à la violence, les formes légales à l'excès de pouvoir, vos droits à l'arbitraire.

« En protestant contre un acte de destruction qu'aucune passion publique ne commandait, c'est, pour les membres de votre commission, un devoir de rappeler quelles sommes leur furent versées, quelle en fut la gestion, quel en a été l'emploi.

« Sur un seul appel, fait en 1820, 775,118 fr. 8 cent. furent versés de toutes les parties de la France.

« Les habitans de Paris, à eux seuls , ont offert 279,558 fr.
48 cent.

« Prévoyant des retards indépendans de sa volonté, la
commission s'empressa de donner à ces fonds un emploi
productif ; 212,655 fr. 87 cent. d'intérêts, résultat des pla-
cemens, ont accru le capital, et l'ont porté à 987,773 f. 95 c.

« L'état des recettes et des dépenses , appuyé des pièces jus-
tificatives, sera soumis à la Cour des comptes, conformément à l'ordonnance du roi, en date du 25 juin 1820 , aussitôt que les instances actuelles seront terminées, et que la
commission aura complètement rempli son mandat.

« Une question préjudicielle de compétence a déjà été jugée par la Cour de cassation ; sous la réserve du fond. Les
questions principales sont, en ce moment encore , soumises
au conseil d'état et aux tribunaux ordinaires.

« Formé de blocs de marbre d'une dimension colossale ,
un monument confié à des artistes dont le nom atteste le ta-
lent fut le premier hommage destiné à remplir vos vues.
Ouvrage de MM. Cartellier, Dupaty et Cortot, il exprime les
regrets de la France ; il retrace ce que la mort du prince inspira
de douleur, montra d'héroïsme et laissa d'espérance.

« La dépense, compris 40,000 fr. qui ne devaient être
acquittés qu'après la mise en place , s'élevait à la somme de
353,000 fr.

« Aussitôt que la loi du 10 juillet 1822 fut votée, et permit
de réaliser le vœu des souscripteurs, dont les versemens s'ac-
croissaient chaque jour, les membres de la commission s'oc-
cupèrent du soin d'ériger, sur la place mise à leur disposition suivant les formes administratives, le monument religieux destiné à recevoir l'œuvre des statuaires.

« Cet édifice fut élevé par MM. Moutier et Malpièce, dont
les dessins avaient reçu l'approbation de MM. Fontaine et
Percier.

« Le surplus des fonds y fut employé.

« Entièrement construit et couvert, entouré des marbres qui

devaient en décorer l'intérieur, ce monument, en attendant que des temps plus calmes permissent de le consacrer à sa destination, aurait pu offrir un temple à la piété, un asile à l'enfance, un abri à la charité.

« La commission, en effet, tout en réservant vos droits, aurait cru se conformer encore à votre pensée, en acceptant une destination digne des sentimens et de la mémoire du prince.

« Ce monument a disparu !

« Mais un souvenir d'immortalité s'attachera à cette place consacrée par une mort héroïque.

« Il a disparu ! mais de ses ruines s'élèveront toujours ces mots sublimes : CLÉMENCE et PARDON !

« Élevé par vos mains, il a disparu ! mais *peut-être un jour,* ainsi que l'a dit le rapporteur de la loi de 1822 à la chambre des députés, *la piété filiale voudra-t-elle ériger sur cette place un monument à la mémoire paternelle.*

« Alors, vos vœux et les nôtres seront remplis.

« *Signé,* comte de Chabrol-Volvic, baron Lecordier,
« Lebrun, Petit, et Marcellin-Défresnes. »

Paris, 23 janvier 1835.

IMPRIMERIE DE DEZAUCHE,
Faubourg Montmartre, N° 11.

L'OBSERVATEUR

DES

TRIBUNAUX

FRANÇAIS ET ÉTRANGERS,

JOURNAL DES DOCUMENS JUDICIAIRES,

POUR SERVIR A L'ÉTUDE

DE L'ÉLOQUENCE DU BARREAU, DE LA JURISPRUDENCE,
DES PASSIONS, DES MOEURS ET DE L'HISTOIRE.

PAR EUGÈNE ROCH.

L'Observateur des tribunaux, dont une existence de deux années constate le succès (1), n'a cessé de recevoir les améliorations successives que l'expérience suggère aux esprits qui ont le mieux médité leur sujet.

Aujourd'hui que notre marche est assurée, notre plan bien arrêté, notre but nettement tracé, que nous avons complètement triomphé du tâtonnement des premiers essais, nous

(1) L'*Observateur* n'a pas trouvé place seulement dans les bibliothèques particulières; il a été admis dans celles de *la Couronne*, dans celles *des Chambres, de la Cour des comptes*, etc.

Par délibération spéciale du 6 août 1834, le Conseil de discipline de l'Ordre des avocats à la Cour royale de Paris a décidé que l'*Observateur des tribunaux* serait désormais, et depuis son origine, partie des livres de la bibliothèque de l'Ordre.

croyons utile de donner au public une idée claire et précise de la composition de notre recueil.

L'Observateur des tribunaux se divise en quatre parties :

1° Dans la première, il recueille, avec une suite et des développemens que l'on ne saurait trouver dans les feuilles quotidiennes, ces grands procès civils ou commerciaux qui offrent un intérêt général, soit par la position des parties, soit par l'importance du sujet ou par la nature des débats. L'industrie, l'étude des mœurs, la biographie, l'argumentation, l'éloquence du barreau y peuvent chercher avec fruit d'utiles élémens.

Un grand nombre de familles y retrouveront en tout temps des titres, des souvenirs, souvent même d'utiles justifications.

On devait regretter sans doute que les plaidoyers de nos grands avocats, modèles en plus d'un genre, et que l'auditoire écoute ordinairement avec un si vif intérêt, ne fussent presque jamais livrés à la publicité en leur entier ; des fragmens ont toujours peu de prix, tandis que l'œuvre dans son ensemble non-seulement présente une lecture pleine d'attrait, mais devient encore un sujet d'étude. Nous avons donc résolu, et déjà notre recueil en contient quelques exemples, de reproduire complètement les discours les plus remarquables ; les barreaux des départemens et les jeunes avocats nous en sauront gré ; nous devons l'espérer.

2° La seconde partie s'empare, au milieu du mobile panorama des Cours d'assises, de tous les faits qui peuvent présenter une révélation, un témoignage à l'histoire, ou une donnée nouvelle sur le degré d'aberration possible de l'esprit humain. Ce ne sont point, dans ce dernier cas, des comptes-rendus de causes criminelles que nous mettons sous les yeux de nos lecteurs, c'est l'anomalie spéciale dégagée des accessoires de l'accusation, c'est un incident curieux, inattendu, extraordinaire. Tout le reste serait fastidieux, vulgaire et sans utilité.

On comprend quelle mine féconde pour l'histoire doivent

offrir les tribunaux, dans des temps d'agitation comme les quatre années qui se sont succédé depuis 1830. Il serait trop long d'énumérer les richesses de ce genre que renferment les six volumes déjà parus de *l'Observateur des Tribunaux ;* qu'il suffise de dire qu'il a puisé à tous les degrés de juridiction, depuis la Cour des Pairs jusqu'aux simples audiences de la police correctionnelle.

3° Nous consacrons la troisième partie à recueillir ces précieux documens de statistique judiciaire, si importans comme moyens d'apprécier les progrès de la moralité d'un peuple ou de la moralité des peuples entre eux, et qui présentent ainsi à juger les lois et les institutions par leurs résultats. Livrés au rapide coup d'œil dont on effleure à peine les articles des journaux quotidiens, ces documens échappent à la méditation des hommes graves ; c'est dans le cabinet qu'ils aimeraient à en faire l'objet de leur attention réfléchie, ou à les retrouver au besoin. Jusqu'à ce jour, ce nous semble, aucun recueil ne leur avait servi de dépôt (1).

Dans cette section se placent également les faits des tribunaux étrangers, lorsqu'ils décèlent des coutumes judiciaires en contraste avec nos lois, des mœurs et des passions opposées aux nôtres ; nous ne négligeons pas non plus d'y consacrer les mesures législatives concernant le droit des gens, comme les lois d'extradition, par exemple, ou le droit universel de l'humanité, comme le bill d'affranchissement pour les esclaves.

4° Il ne restait plus, pour compléter un cercle entier d'idées, qu'à établir un lien entre la justice et la législation. Ainsi notre quatrième partie, toute récente, ne mentionnera pas seulement les questions dont il est référé au roi après deux pour-

(1) Citons seulement les *Rapports au roi sur la justice criminelle.* Pour qui n'ont-ils pas cessé d'exister dès le lendemain de leur insertion au *Moniteur ?*

vois en cassation ; mais encore des articles spéciaux donneront, sous le titre d'*Esprit des lois nouvelles*, la première et plus
générale interprétation de ces lois, en analysant avec préci-
sion et brièveté les rapports et les discussions.

L'Observateur des tribunaux, seule publication de ce genre
qui existe, diffère donc essentiellement d'un simple recueil de
jurisprudence ; on doit y voir les archives spéciales du mou-
vement et des progrès judiciaires, bases de tous les autres
progrès sociaux.

Sous le rapport de l'exécution typographique, on a rendu
ce recueil digne de figurer dans toutes les bibliothèques.

CONDITIONS DE L'ABONNEMENT.

L'OBSERVATEUR DES TRIBUNAUX, imprimé avec le caractère
de ce prospectus, sur le même papier satiné, paraît le 10
de chaque mois, par numéro de *cent pages*, formant TROIS VO-
LUMES par année, avec table des matières pour chaque volume,
et table analytique à la fin de l'année.

Le prix de l'abonnement est	*Pour six mois.*	*Pour l'année.*
Pour Paris	12 fr.	20 fr.
Pour les départemens (franc de port). .	13	25
Pour l'étranger (franc de port).	18	35

ON S'ABONNE AU BUREAU, RUE DE PROVENCE, N° 63 ;
ET CHEZ TOUS LES LIBRAIRES DE PARIS ET DES DÉPARTEMENS.

*(Les abonnemens partent du 1ᵉʳ janvier ou du 1ᵉʳ juillet. Tous les
envois doivent être affranchis.)*

NOTA. L'*Observateur des Tribunaux* paraît depuis le mois de janvier 1833.

AVIS IMPORTANT.

Nous prévenons les bibliophiles qu'il reste un fort petit
nombre d'exemplaires des deux premières années ; elles for-
ment six volumes brochés.

Paris.—Imprimerie de DEZAUCHE, faub. Montmartre, n° 1.